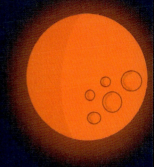

STEVE TRÄUMT VOM ROTEN PUNKT AM HIMMEL

Steve Schild
Kevin Wieser

Bibliografische Information der Deutschen Nationalbibliothek: Die Deutsche Nationalbibliothek verzeichnet diese Publikation in der Deutschen Nationalbibliografie; detaillierte bibliografische Daten sind im Internet über http://dnb.dnb.de abrufbar.

© 2020 Steve Schild und Kevin Wieser

Herstellung und Verlag:
BoD – Books on Demand, Norderstedt.

ISBN: 9783751918589

HALLO ICH BIN STEVE.
AM 04. OKTOBER 1984 ERBLICKTE ICH IM
KANTONSSPITAL IN ST. GALLEN
DAS LICHT DER WELT.

EINIGE JAHRE SPÄTER
WURDEN MEINE SCHWESTERN
SABRINA UND SARA GEBOREN.
MEINE ELTERN HATTEN IRGENDWIE
EINE VORLIEBE FÜR NAMEN,
DIE MIT "S" ANFANGEN.

MEINE MUTTER KÜMMERTE SICH
UM UNS KINDER, WEIL MEIN VATER IMMER
VIEL ARBEITEN MUSSTE.

ICH HATTE EINE SCHÖNE KINDHEIT.

WIE IST DEIN NAME
UND WANN HAST DU GEBURTSTAG?

_____

_____

SCHON ALS KLEINER JUNGE
LIEBTE ICH DIE FILME ÜBER DEN WELTRAUM
UND FANTASTISCHE WELTEN.
MANCHMAL SCHAUTE ICH HEIMLICH
EINE SENDUNG NAMENS "STAR TREK".
DAS WAR IMMER SEHR AUFREGEND.

WAS IST DEIN LIEBLINGSFILM?

_____

_____

_____

_____

_____

IN DER SCHULE WAR ICH SCHON IMMER EIN BESONDERER MENSCH.
ICH LERNTE SCHNELL
UND INTERESSIERTE MICH BESONDERS FÜRTECHNISCHE SPIELEREIEN.
ICH HATTE DAMALS EINE UHR
MIT DER ICH DAS TV GERÄT BEDIENEN KONNTE.
DAMIT HABE ICH DIE LEHRER
GANZ SCHÖN AN DER NASE HERUM GEFÜHRT.

HAST DU AUCH SCHON MAL
JEMANDEM EINEN STREICH GEPIELT?

_____

_____

_____

_____

ALS ICH ÄLTER WURDE, LAS ICH VIELE BÜCHER.
IMMER MEHR WURDE FÜR MICH KLAR, DIE
WELT IST VIEL SPANNENDER ALS ALLE GLAUBEN.
ES GIBT NOCH SO VIELE GEHEIMNISSE
AUF DER WELT UND IM WELTRAUM,
DIE NUR DARAUF WARTEN, ENTDECKT ZU WERDEN.

KENNST DU EIN GEHEIMNIS,
DAS SONST KEINER KENNT?

_____

_____

_____

_____

_____

ALS ICH 18 JAHRE ALT WURDE, DURFTE ICH
IN DIE REKRUTENSCHULE.
DORT WURDE ICH ZUM PANZERGRENADIER
AUSGEBILDET.
DIE AUSBILDUNG WAR ANSTRENGEND,
ABER DIE ARBEIT MIT DEN PANZERN
HAT MIR SEHR VIEL FREUDE BEREITET
UND ICH KONNTE GANZ VIEL LERNEN.

ZU DER ZEIT HABE ICH MICH AUCH IN MEINE
ERSTE FESTE FREUNDIN VERLIEBT.

WAS MÖCHTEST DU GERNE MACHEN,
WENN DU 18 JAHRE ALT BIST?

_____

_____

_____

_____

_____

ICH HABE IMMER DAVON GETRÄUMT,
MEINE EIGENE FIRMA ZU LEITEN.
ALSO GRÜNDETEN MEINE FRAU UND ICH
EINEN ONLINE-SHOP FÜR FUTURISTISCHE
TECHNOLOGIEN. WIR VERKAUFTEN DROH-
NEN, UHRENHANDYS UND VIELES MEHR. EIN
TRAUM GING IN ERFÜLLUNG,
ABER LEIDER WAREN DIE MENSCHEN NOCH
NICHT BEREIT FÜR UNSERE TECHNIK
UND WIR MUSSTEN UNSEREN LADEN
WIEDER ZUMACHEN.
ABER EIN NEUES ABENTEUER
SOLLTE BALD BEGINNEN.

WOVON TRÄUMST DU?

_____

_____

_____

_____

KURZ NACHDEM WIR UNSERE FIRMA
ZUMACHEN MUSSTEN,
ERZÄHLTE MIR MEINE FRAU,
DASS SIE SICH IN EINEN ANDEREN MANN
VERLIEBT HATTE.
WIR TRENNTEN UNS
UND ICH MACHTE MICH AUF DIE SUCHE NACH
MIR SELBST, ICH REISTE VIEL UND LERNTE
DIE WELT KENNEN.

ICH LERNTE VIELE NEUE MENSCHEN KENNEN
UND HATTE UNGLAUBLICH SPANNENDE
ERLEBNISSE.
ICH HATTE VIELE IDEEN UND
MEIN GANZES LEBEN VERÄNDERTE SICH.
EINE REISE NACH KAIRO IN ÄGYPTEN
HALF MIR BESONDERS.

WO HAST DU DEINE FREUNDE KENNEN GELERNT?

_____

_____

_____

_____

_____

WER BIN ICH, WAS WILL ICH UND
WO IST MEIN PLATZ IN DIESER WELT?
IM JAHR 2010 BESCHÄFTIGTE ICH MICH MIT
DIESEN FRAGEN.
ICH SCHRIEB TAGEBÜCHER, LAS WIEDER
VIELE BÜCHER UND MACHTE VIELE TOLLE
NEUE ERFAHRUNGEN.

WAS SCHREIBST DU IN DEIN TAGEBUCH?

_____

_____

_____

_____

_____

MIT 26 JAHREN LERNTE ICH CORINNA, MEINE NEUE FRAU KENNEN. SIE SPRACH MICH AN UND WIR VERLIEBTEN UNS DIREKT IN EINANDER. SIE UNTERSTÜTZTE MICH SEHR BEI MEINEN VERRÜCKTEN IDEEN UND MACHT DAS AUCH HEUTE NOCH.

WARST DU SCHON MAL VERLIEBT?

_____

_____

_____

_____

_____

EINE DER VERRÜCKTEN IDEEN, BEI DENEN
CORINNA MICH UNTERSTÜTZTE,
WAREN MEINE WELTREKORDE.
ALS ERSTES STELLTE ICH EINEN
WELTREKORD IM DISTANZRUTSCHEN AUF.

WAS KANNST DU BESONDERS GUT
UND WAS IST DEIN REKORD DABEI?

_____

_____

_____

_____

KURZ NACH DEN WELTREKORDEN KAM MIR AUCH SCHON DIE NÄCHSTE IDEE: ICH SAH IM INTERNET EINE SEITE ÜBER EINE REISE ZUM MARS. DA ICH MICH SCHON IMMER FÜR DEN WELTRAUM INTERESSIERTE UND IMMER AUF DER SUCHE NACH NEUEN ABENTEUERN WAR, MELDETE ICH MICH AN. ICH BEREITE MICH KÖRPERLICH UND PSYCHISCH DARAUF VOR. WOHIN DIE REISE WOHL FÜHRT?

WIE STELLST DU DIR DEN MARS VOR?

_____

_____

_____

_____

_____

ICH BESCHÄFTIGTE MICH IMMER MEHR
MIT DER REISE ZUM MARS UND WARTETE
AUF EINE RÜCKMELDUNG ZU MEINER
BEWERBUNG.
NACH EINIGER ZEIT WURDE ICH ZUSAMMEN
MIT 99 VERBLEIBENDEN
BEWERBERN AUSGEWÄHLT.

WOHIN MÖCHTEST DU GERNE MAL VERREISEN?

_____

_____

_____

_____

_____

DIE MÜHE ZAHLTE SICH AUS.
ICH KAM UNTER DIE LETZTEN 100 BEWERBER
UND MEIN ZIEL KAM IMMER NÄHER.
ALS ICH MEINEM ARZT VON MEINEN PLÄNEN
ERZÄHLTE, KONNTE ER ES KAUM GLAUBEN.

WOFÜR SCHLÄGT DEIN HERZ?

_____

_____

_____

_____

_____

*ICH LERNTE NEUE MENSCHEN KENNEN,
DIE REISE ZUM MARS BRINGT
NEUE FREUNDSCHAFTEN.
FREUNDSCHAFTEN, DIE BIS HEUTE ANHALTEN.
DAS PROJEKT MARS ONE IST MEHR ALS NUR
EINE REISE ZUM MARS.*

WELCHE HOBBYS HAST DU?

_____

_____

_____

_____

_____

EINER DIESER FREUNDE IST KEVIN WIESER,
EINE AUSSERGEWÖHNLICHE PERSON.
DAS WAR MIR VOM ERSTEN GESPRÄCH AN KLAR.
EIN MENSCH MIT VIELEN TALENTEN UND
HEUTE MEIN BESTER FREUND.
ER IST AUCH DER ZEICHNER DIESES COMICS.

WER SIND DEINE BESTEN FREUNDE?

_____

_____

_____

_____

_____

EIN NEUER WELTREKORD,
24H EINKAUFSWAGENSCHIEBEN.
WIE KOMMT MAN NUR AUF EINE
SOLCH DOOFE IDEE?
ICH SCHAFFTE DEN WELTREKORD, ABER
MEINE BEINE HATTEN KEINE FREUDE. STELL
DIR VOR, DU MÜSSTEST 24 STUNDEN AUF DER
ROTEN BAHN IM KREIS LAUFEN UND DABEI
EINEN EINKAUFSWAGEN SCHIEBEN.
DAS MACHT EINEN SCHON ETWAS VERRÜCKT...
ODER NICHT?

WAS HAST DU SCHON ALLES
VERRÜCKTES ANGESTELLT?

_____

_____

_____

_____

_____

WEITERE WELTREKORDE FOLGTEN.
1 STUNDE BOCKSPRUNG UND
1 MINUTE SKISEILSPRUNG.
WER KOMMT NUR IMMER AUF DIESE IDEEN?
DIE WELTREKORDE SIND SPANNEND UND
IMMER WIEDER EINE HERAUSFORDERUNG.
SIE HABEN MICH IMMER WIEDER
ANS LIMIT GEBRACHT,
DOCH JEDER REKORD HAT SICH GELOHNT.

WIE LANGE KANNST DU BOCKSPRINGEN?

_____

_____

_____

_____

_____

MEINE FRAU WAR AM ANFANG, ALS ICH MICH AUF MEINEN BOCKSPRUNG WELTREKORD VORBEREITET HABE, SEHR VERWIRRT.
ICH HABE ALLES ALS BOCK BENUTZT.
DEN TISCH, STÜHLE UND ALLES ANDERE WAS GERADE IM WEG STAND.
ZU DER ZEIT HATTE ICH JEDEN TAG MUSKELKATER, ABER AUCH IMMER JEDE MENGE SPASS.

WIE VIELE BOCKSPRÜNGE SCHAFFST DU AM STÜCK?

_____

_____

_____

_____

_____

DAS JAHR 2016 VERÄNDERTE ALLES,
MEINE TOCHTER ELVIRA KAM AUF DIE WELT
UND ICH WAR FROH, WIE NOCH NIE.
DIE DRACHENKRIEGERIN IST GEBOREN.

WELCHEN SPITZNAMEN HAST DU UND WARUM?

_____

_____

_____

_____

_____

FÜR EINIGE ZEIT WAR ICH IN
EINEM "GEHEIMORDEN". DER ORDEN NENNT
SICH "DRUIDENORDEN". EIN SEHR
SPANNENDER ORDEN
MIT INTERESSANTEN MENSCHEN.
IN DIESER ZEIT HABE ICH INTERESSANTE
ERFAHRUNGEN GEMACHT UND
VIELES ÜBER DEN MENSCH, DIE WELT
UND UNSER UNIVERSUM GELERNT.
VIELE ERFAHRUNGEN DAZU HABE ICH
IN MEINEM BUCH "DRUIDENZEIT"
NIEDERGESCHRIEBEN.

BIST DU AUCH IN EINER BANDE
MIT DEINEN FREUNDEN?

_____

_____

_____

_____

_____

FERNE WELTEN, RAUMSCHIFFE UND
AUSSERIRDISCHE WESEN.
ICH VERFASSTE DEN ERSTEN TEIL MEINER
BUCHREIHE "GEFANGENE DER ZUKUNFT". DIE
REISE ZU DEN STERNEN BEGINNT MIT DEM
ERSTEN TEIL "GEFANGENE DER ZUKUNFT, ESSENZ".
INSPIRIERT VON VIELEN GESPRÄCHEN,
FILMEN UND BÜCHERN, ENTSTAND
DER ERSTE TEIL EINES NEUEN UNIVERSUMS.

LIEST DU GERNE UND
WELCHES IST DEIN LIEBLINGSBUCH?

_____

_____

_____

_____

_____

INSPIRIERT VON DER GESCHICHTE MEINER BÜCHER, ENTSTEHT IN FRAUENFELD EIN ESCAPERAUM DER ZUKUNFT.
GEEIGNET FÜR ALLE, DIE SICH UND IHRE FREUNDE WIRKLICH KENNENLERNEN WOLLEN.

LÖST DU GERNE RÄTSEL UND SPIELST DETEKTIV?

_____

_____

_____

_____

AM 08.08.2018 WAR ES DANN SOWEIT: MEINE FRAU UND ICH GEBEN UNS DAS JA-WORT. WIR SCHLIESSEN DEN "BUND FÜRS LEBEN".

MÖCHTEST DU SPÄTER MAL HEIRATEN?

_____

_____

_____

_____

_____

*EINE WEITERE REISE BEGINNT,
ICH WILL ALS "SWISS MEN'S AWARD"-KANDIDAT
DER MR. RIGHT WERDEN.
ICH BIN DER EINZIGE VEGANER, DER
AUF DEN MARS WILL UND ZWEI KINDER HAT.
SOWAS HAT DIE SCHWEIZ NOCH NIE GESEHEN.
DIE WELT HÄLT DEN ATEM AN...*

*WAS MACHT FÜR DICH EINEN
TOLLEN MENSCHEN AUS?*

_____

_____

_____

_____

_____

ICH VERBRINGE VIEL ZEIT MIT MEINEN KINDERN.
WIR GEHEN SEHR GERNE ZUSAMMEN WANDERN.
ICH MAG DIE RUHE IN DER NATUR UND GENIESSE
DIE ZEIT MIT MEINER FAMILIE.
UND GLEICHZEITIG KANN ICH MICH SO FIT
HALTEN, DENN WER AUF DEN MARS WILL,
MUSS FIT SEIN.

WANDERST DU AUCH GERNE IN DER NATUR?

_____

_____

_____

_____

_____

EINES TAGES IST ES DANN SOWEIT: ICH HABE DAS ASTRONAUTENTRAINING HINTER MIR UND DER FLUG ZUM MARS STEHT AN. ICH MUSS ABSCHIED NEHMEN. DAS WIRD MIR SEHR SCHWER FALLEN.

WÜRDEST DU IN DIE RAKETE EINSTEIGEN, WENN DU KÖNNTEST?

_____

_____

_____

_____

ES IST SOWEIT: VIELE JAHRE DER AUSBILDUNG UND ICH HABE ES GESCHAFFT! DIE RAKETE STARTET, WAS FÜR EIN GLÜCK! HOFFENTLICH GEHT ALLES GUT!

WAS MACHT DICH GLÜCKLICH?

_____

_____

_____

_____

_____

WIR SIND NUN EINE LANGE ZEIT AUF DER REISE ZUM MARS. VON DER ERDE BIS ZUM MARS DAUERT ES MIT EINER RAKETE ETWA 9 MONATE. DAS IST ECHT EINE SEHR LANGE REISE.

WARST DU SCHON EINMAL AUF EINER LANGEN REISE?

_____

_____

_____

_____

ALLES, WAS AUF DER ERDE NORMAL IST,
MUSS MAN IM WELTALL NEU LERNEN.
MAN MUSS LERNEN, WIE MAN SICH BEWEGT,
WIE MAN TRINKT ODER ISST. EINFACH MAL
SO CHIPS ESSEN FUNKTIONIERT NICHT.

MAGST DU CHIPS?

_____

_____

_____

_____

_____

NACH DER LANGEN REISE IM WELTRAUM IST ES SCHÖN, MAL WIEDER GANZ NAH AM BODEN ZU SEIN, AUCH WENN DER BODEN GANZ ANDERS ALS AUF DER ERDE AUSSIEHT. HIER AUF DEM MARS IST ALLES ROT.
ICH FREUE MICH BEI DER LANDUNG SCHON AUF DIE ERSTEN SCHRITTE AUF DEM MARS.

WIE STELLST DU DIR DEN MARS VOR?

_____

_____

_____

_____

EIN UNGLAUBLICHES GEFÜHL, DIE ERSTEN SCHRITTE AUF DEM MARS. SO LANGE HABE ICH AUF DIESEN AUGENBLICK GEWARTET. AM LIEBSTEN WÜRDE ICH DIESEN MOMENT JETZT MIT MEINER FAMILIE TEILEN, ABER LEIDER GIBT ES AUF DEM MARS KEINEN HANDYEMPFANG.

WORAUF FREUST DU DICH AM MEISTEN?

_____

_____

_____

_____

_____

WIR SIND NICHT ALLEIN AUF DEM MARS.
ABER NICHT DIE GRÜNEN MÄNNCHEN SIND
DIE ALIENS, SONDERN WIR SIND DIE ALIENS
AUF DEM MARS.

WAS WÜRDEST DU EINEM MARSMENSCHEN
SAGEN WOLLEN?

_____

_____

_____

_____

_____

AUF DEM MARS LEBEN WIR IN SPEZIELLEN HÄUSERN. WIR KÖNNEN NICHT EINFACH MAL DAS FENSTER ÖFFNEN UND FRISCHE LUFT HERREIN LASSEN, DENN AUF DEM MARS GIBT ES KEINE LUFT. DESHALB WIR KÖNNEN NUR MIT EINEM RAUMANZUG NACH DRAUSSEN.

WIE WILLST DU EINMAL WOHNEN?

_____

_____

_____

_____

_____

MEIN TRAUM IST IN ERFÜLLUNG GEGANGEN. ICH LEBE ALS EINER DER ERSTEN MENSCHEN AUF DEM MARS. ICH HABE VIEL FÜR DIESEN TRAUM GETAN UND AM ENDE HAT SICH ALLES GELOHNT. WENN MAN ETWAS WIRKLICH WILL, DANN KANN MAN ES AUCH ERREICHEN. AUCH, WENN ES NOCH SO WEIT WEG ERSCHEINT!

WAS IST DEIN GRÖSSTES ZIEL IM LEBEN?

_____

_____

_____

_____

_____

So jetzt bist du dran!
Wie stellst du dir den Mars vor?
Wie soll Steve auf dem Mars wohnen?
Hol deine Stifte hervor und lass deiner
Kreativität freien Lauf.

Wenn du magst kannst du Steve dein
Bild mit der E-Mailadresse deiner
Eltern zusenden. Er freut sich ganz
bestimmt über dein Kunstwerk!

steve.schild@bluewin.ch

STEVE SCHILD

Steve Schild wurde 1984 in St. Gallen geboren. Schon seit seiner Kindheit ist er von Technik, insbesondere Luft- und Raumfahrt, fasziniert. Die von der Science-Fiction beschriebenen und dargestellten Möglichkeiten, außerplanetarische Welten zu besiedeln, ließen in ihm den visionären Wunsch entstehen, eines Tages selbst den Weltraum zu erkunden. Das bewog ihn, sich beim Mars-One-Projekt zu bewerben.

Steve Schild ist nicht nur ein vielfältiges Talent, sondern auch ein bewusster Grenzgänger. Das erprobt er in vielfältiger Weise, etwa über seine diversen Leistungen im "Buch der Rekorde". Steve Schild ist Vater von zwei Töchtern, Autor und Mars One Astronauten Bewerber. Seit 2019 ist Steve Schild Finalist beim Swiss Men`s Award.

KEVIN WIESER

Kevin Wieser, geb. 1987 in St. Jean sur Richelieu, ist ein aufstrebender und talentierter Cartoonist. Bisher ist er hauptsächlich durch Cartoons in Sozial-Media und mehrmaligen Teilnahme am 24-Stunden-Comic-Zeichen-Marathons aufgefallen. Mit dem Buch „Steve träumt vom roten Punkt am Himmel" veröffentlicht er sein Erstwerk und sein bisher größtes Cartoon-Projekt. Neben seiner Arbeit als System Engineer und seinem Hobby als Cartoonist, setzt sich Kevin Wieser für die Rechte und den Zusammenhalt von Personen mit einer Hörbeeinträchtigung ein.